2022 – 2023

2-Year Monthly Planner

I. S. Anderson

2022 - 2023

2-Year Monthly Planner

Copyright © 2020 by I. S. Anderson

ISBN-10: 1-947399-25-X

ISBN-13: 978-1-947399-25-9

All rights reserved, including the right to reproduce this journal in whole or any portions thereof, in any form whatsoever.

For more information regarding this publication, contact: **nahjpress@outlook.com**

First Printing, 2020

2022 - 2023
2-Year Monthly Planner

Belongs To:

_____

2022

JANUARY
S	M	T	W	T	F	S
						1
2	3	4	5	6	7	8
9	10	11	12	13	14	15
16	17	18	19	20	21	22
23	24	25	26	27	28	29
30	31					

FEBRUARY
S	M	T	W	T	F	S
		1	2	3	4	5
6	7	8	9	10	11	12
13	14	15	16	17	18	19
20	21	22	23	24	25	26
27	28					

MARCH
S	M	T	W	T	F	S
		1	2	3	4	5
6	7	8	9	10	11	12
13	14	15	16	17	18	19
20	21	22	23	24	25	26
27	28	29	30	31		

APRIL
S	M	T	W	T	F	S
					1	2
3	4	5	6	7	8	9
10	11	12	13	14	15	16
17	18	19	20	21	22	23
24	25	26	27	28	29	30

MAY
S	M	T	W	T	F	S
1	2	3	4	5	6	7
8	9	10	11	12	13	14
15	16	17	18	19	20	21
22	23	24	25	26	27	28
29	30	31				

JUNE
S	M	T	W	T	F	S
			1	2	3	4
5	6	7	8	9	10	11
12	13	14	15	16	17	18
19	20	21	22	23	24	25
26	27	28	29	30		

JULY
S	M	T	W	T	F	S
					1	2
3	4	5	6	7	8	9
10	11	12	13	14	15	16
17	18	19	20	21	22	23
24	25	26	27	28	29	30
31						

AUGUST
S	M	T	W	T	F	S
	1	2	3	4	5	6
7	8	9	10	11	12	13
14	15	16	17	18	19	20
21	22	23	24	25	26	27
28	29	30	31			

SEPTEMBER
S	M	T	W	T	F	S
				1	2	3
4	5	6	7	8	9	10
11	12	13	14	15	16	17
18	19	20	21	22	23	24
25	26	27	28	29	30	

OCTOBER
S	M	T	W	T	F	S
						1
2	3	4	5	6	7	8
9	10	11	12	13	14	15
16	17	18	19	20	21	22
23	24	25	26	27	28	29
30	31					

NOVEMBER
S	M	T	W	T	F	S
		1	2	3	4	5
6	7	8	9	10	11	12
13	14	15	16	17	18	19
20	21	22	23	24	25	26
27	28	29	30			

DECEMBER
S	M	T	W	T	F	S
				1	2	3
4	5	6	7	8	9	10
11	12	13	14	15	16	17
18	19	20	21	22	23	24
25	26	27	28	29	30	31

2023

JANUARY
S	M	T	W	T	F	S
1	2	3	4	5	6	7
8	9	10	11	12	13	14
15	16	17	18	19	20	21
22	23	24	25	26	27	28
29	30	31				

FEBRUARY
S	M	T	W	T	F	S
			1	2	3	4
5	6	7	8	9	10	11
12	13	14	15	16	17	18
19	20	21	22	23	24	25
26	27	28				

MARCH
S	M	T	W	T	F	S
			1	2	3	4
5	6	7	8	9	10	11
12	13	14	15	16	17	18
19	20	21	22	23	24	25
26	27	28	29	30	31	

APRIL
S	M	T	W	T	F	S
						1
2	3	4	5	6	7	8
9	10	11	12	13	14	15
16	17	18	19	20	21	22
23	24	25	26	27	28	29
30						

MAY
S	M	T	W	T	F	S
	1	2	3	4	5	6
7	8	9	10	11	12	13
14	15	16	17	18	19	20
21	22	23	24	25	26	27
28	29	30	31			

JUNE
S	M	T	W	T	F	S
				1	2	3
4	5	6	7	8	9	10
11	12	13	14	15	16	17
18	19	20	21	22	23	24
25	26	27	28	29	30	

JULY
S	M	T	W	T	F	S
						1
2	3	4	5	6	7	8
9	10	11	12	13	14	15
16	17	18	19	20	21	22
23	24	25	26	27	28	29
30	31					

AUGUST
S	M	T	W	T	F	S
		1	2	3	4	5
6	7	8	9	10	11	12
13	14	15	16	17	18	19
20	21	22	23	24	25	26
27	28	29	30	31		

SEPTEMBER
S	M	T	W	T	F	S
					1	2
3	4	5	6	7	8	9
10	11	12	13	14	15	16
17	18	19	20	21	22	23
24	25	26	27	28	29	30

OCTOBER
S	M	T	W	T	F	S
1	2	3	4	5	6	7
8	9	10	11	12	13	14
15	16	17	18	19	20	21
22	23	24	25	26	27	28
29	30	31				

NOVEMBER
S	M	T	W	T	F	S
			1	2	3	4
5	6	7	8	9	10	11
12	13	14	15	16	17	18
19	20	21	22	23	24	25
26	27	28	29	30		

DECEMBER
S	M	T	W	T	F	S
					1	2
3	4	5	6	7	8	9
10	11	12	13	14	15	16
17	18	19	20	21	22	23
24	25	26	27	28	29	30
31						

2024

JANUARY
S	M	T	W	T	F	S
	1	2	3	4	5	6
7	8	9	10	11	12	13
14	15	16	17	18	19	20
21	22	23	24	25	26	27
28	29	30	31			

FEBRUARY
S	M	T	W	T	F	S
				1	2	3
4	5	6	7	8	9	10
11	12	13	14	15	16	17
18	19	20	21	22	23	24
25	26	27	28	29		

MARCH
S	M	T	W	T	F	S
					1	2
3	4	5	6	7	8	9
10	11	12	13	14	15	16
17	18	19	20	21	22	23
24	25	26	27	28	29	30
31						

APRIL
S	M	T	W	T	F	S
	1	2	3	4	5	6
7	8	9	10	11	12	13
14	15	16	17	18	19	20
21	22	23	24	25	26	27
28	29	30				

MAY
S	M	T	W	T	F	S
			1	2	3	4
5	6	7	8	9	10	11
12	13	14	15	16	17	18
19	20	21	22	23	24	25
26	27	28	29	30	31	

JUNE
S	M	T	W	T	F	S
						1
2	3	4	5	6	7	8
9	10	11	12	13	14	15
16	17	18	19	20	21	22
23	24	25	26	27	28	29
30						

JULY
S	M	T	W	T	F	S
	1	2	3	4	5	6
7	8	9	10	11	12	13
14	15	16	17	18	19	20
21	22	23	24	25	26	27
28	29	30	31			

AUGUST
S	M	T	W	T	F	S
				1	2	3
4	5	6	7	8	9	10
11	12	13	14	15	16	17
18	19	20	21	22	23	24
25	26	27	28	29	30	31

SEPTEMBER
S	M	T	W	T	F	S
1	2	3	4	5	6	7
8	9	10	11	12	13	14
15	16	17	18	19	20	21
22	23	24	25	26	27	28
29	30					

OCTOBER
S	M	T	W	T	F	S
		1	2	3	4	5
6	7	8	9	10	11	12
13	14	15	16	17	18	19
20	21	22	23	24	25	26
27	28	29	30	31		

NOVEMBER
S	M	T	W	T	F	S
					1	2
3	4	5	6	7	8	9
10	11	12	13	14	15	16
17	18	19	20	21	22	23
24	25	26	27	28	29	30

DECEMBER
S	M	T	W	T	F	S
1	2	3	4	5	6	7
8	9	10	11	12	13	14
15	16	17	18	19	20	21
22	23	24	25	26	27	28
29	30	31				

2022

January	February	March	April	May	June
1 S	1 T	1 T	1 F	1 S	1 W
2 S	2 W	2 W	2 S	2 M	2 T
3 M	3 T	3 T	3 S	3 T	3 F
4 T	4 F	4 F	4 M	4 W	4 S
5 W	5 S	5 S	5 T	5 T	5 S
6 T	6 S	6 S	6 W	6 F	6 M
7 F	7 M	7 M	7 T	7 S	7 T
8 S	8 T	8 T	8 F	8 S	8 W
9 S	9 W	9 W	9 S	9 M	9 T
10 M	10 T	10 T	10 S	10 T	10 F
11 T	11 F	11 F	11 M	11 W	11 S
12 W	12 S	12 S	12 T	12 T	12 S
13 T	13 S	13 S	13 W	13 F	13 M
14 F	14 M	14 M	14 T	14 S	14 T
15 S	15 T	15 T	15 F	15 S	15 W
16 S	16 W	16 W	16 S	16 M	16 T
17 M	17 T	17 T	17 S	17 T	17 F
18 T	18 F	18 F	18 M	18 W	18 S
19 W	19 S	19 S	19 T	19 T	19 S
20 T	20 S	20 S	20 W	20 F	20 M
21 F	21 M	21 M	21 T	21 S	21 T
22 S	22 T	22 T	22 F	22 S	22 W
23 S	23 W	23 W	23 S	23 M	23 T
24 M	24 T	24 T	24 S	24 T	24 F
25 T	25 F	25 F	25 M	25 W	25 S
26 W	26 S	26 S	26 T	26 T	26 S
27 T	27 S	27 S	27 W	27 F	27 M
28 F	28 M	28 M	28 T	28 S	28 T
29 S		29 T	29 F	29 S	29 W
30 S		30 W	30 S	30 M	30 T
31 M		31 T		31 T	

2022

July	August	September	October	November	December
1 F	1 M	1 T	1 S	1 T	1 T
2 S	2 T	2 F	2 S	2 W	2 F
3 S	3 W	3 S	3 M	3 T	3 S
4 M	4 T	4 S	4 T	4 F	4 S
5 T	5 F	5 M	5 W	5 S	5 M
6 W	6 S	6 T	6 T	6 S	6 T
7 T	7 S	7 W	7 F	7 M	7 W
8 F	8 M	8 T	8 S	8 T	8 T
9 S	9 T	9 F	9 S	9 W	9 F
10 S	10 W	10 S	10 M	10 T	10 S
11 M	11 T	11 S	11 T	11 F	11 S
12 T	12 F	12 M	12 W	12 S	12 M
13 W	13 S	13 T	13 T	13 S	13 T
14 T	14 S	14 W	14 F	14 M	14 W
15 F	15 M	15 T	15 S	15 T	15 T
16 S	16 T	16 F	16 S	16 W	16 F
17 S	17 W	17 S	17 M	17 T	17 S
18 M	18 T	18 S	18 T	18 F	18 S
19 T	19 F	19 M	19 W	19 S	19 M
20 W	20 S	20 T	20 T	20 S	20 T
21 T	21 S	21 W	21 F	21 M	21 W
22 F	22 M	22 T	22 S	22 T	22 T
23 S	23 T	23 F	23 S	23 W	23 F
24 S	24 W	24 S	24 M	24 T	24 S
25 M	25 T	25 S	25 T	25 F	25 S
26 T	26 F	26 M	26 W	26 S	26 M
27 W	27 S	27 T	27 T	27 S	27 T
28 T	28 S	28 W	28 F	28 M	28 W
29 F	29 M	29 T	29 S	29 T	29 T
30 S	30 T	30 F	30 S	30 W	30 F
31 S	31 W		31 M		31 S

JANUARY 2022

SUNDAY	MONDAY	TUESDAY	WEDNESDAY
2	3	4	5
9	10	11	12
16	17 Martin Luther King Jr. Day	18	19
23	24	25	26
30	31		

DECEMBER 2021
S	M	T	W	T	F	S
			1	2	3	4
5	6	7	8	9	10	11
12	13	14	15	16	17	18
19	20	21	22	23	24	25
26	27	28	29	30	31	

JANUARY
S	M	T	W	T	F	S
						1
2	3	4	5	6	7	8
9	10	11	12	13	14	15
16	17	18	19	20	21	22
23	24	25	26	27	28	29
30	31					

THURSDAY	FRIDAY	SATURDAY	NOTES
		1 New Year's Day	
6	7	8	
13	14	15	
20	21	22	
27	28	29	
☐	☐	☐	
☐	☐	☐	
☐	☐	☐	
☐	☐	☐	
☐	☐	☐	

FEBRUARY 2022

SUNDAY	MONDAY	TUESDAY	WEDNESDAY
		1	2
6	7	8	9
13	14	15	16
20	21 Presidents' Day	22	23
27	28		

JANUARY
S M T W T F S
            1
2 3 4 5 6 7 8
9 10 11 12 13 14 15
16 17 18 19 20 21 22
23 24 25 26 27 28 29
30 31

FEBRUARY
S M T W T F S
    1 2 3 4 5
6 7 8 9 10 11 12
13 14 15 16 17 18 19
20 21 22 23 24 25 26
27 28

MARCH
S M T W T F S
    1 2 3 4 5
6 7 8 9 10 11 12
13 14 15 16 17 18 19
20 21 22 23 24 25 26
27 28 29 30 31

THURSDAY	FRIDAY	SATURDAY	NOTES
3	4	5	
10	11	12	
17	18	19	
24	25	26	
☐	☐	☐	
☐	☐	☐	
☐	☐	☐	
☐	☐	☐	
☐	☐	☐	

MARCH 2022

SUNDAY	MONDAY	TUESDAY	WEDNESDAY
		1	2
6	7	8	9
13	14	15	16
20	21	22	23
27	28	29	30

THURSDAY	FRIDAY	SATURDAY	NOTES
3	4	5	
10	11	12	
17	18	19	
24	25	26	
31			
☐	☐	☐	
☐	☐	☐	
☐	☐	☐	
☐	☐	☐	
☐	☐	☐	

APRIL 2022

SUNDAY	MONDAY	TUESDAY	WEDNESDAY
3	4	5	6
10	11	12	13
17	18	19	20
24	25	26	27

MARCH
S M T W T F S
            1 2 3 4 5
 6 7 8 9 10 11 12
13 14 15 16 17 18 19
20 21 22 23 24 25 26
27 28 29 30 31

APRIL
S M T W T F S
                       1 2
 3 4 5 6 7 8 9
10 11 12 13 14 15 16
17 18 19 20 21 22 23
24 25 26 27 28 29 30

MAY
S M T W T F S
 1 2 3 4 5 6 7
 8 9 10 11 12 13 14
15 16 17 18 19 20 21
22 23 24 25 26 27 28
29 30 31

THURSDAY	FRIDAY	SATURDAY	NOTES
	1	2	
7	8	9	
14	15	16	
21	22	23	
28	29	30	
☐	☐	☐	
☐	☐	☐	
☐	☐	☐	
☐	☐	☐	
☐	☐	☐	

MAY 2022

SUNDAY	MONDAY	TUESDAY	WEDNESDAY
1	2	3	4
8	9	10	11
15	16	17	18
22	23	24	25
29	30 Memorial Day	31	

APRIL
S M T W T F S
              1 2
3 4 5 6 7 8 9
10 11 12 13 14 15 16
17 18 19 20 21 22 23
24 25 26 27 28 29 30

MAY
S M T W T F S
1 2 3 4 5 6 7
8 9 10 11 12 13 14
15 16 17 18 19 20 21
22 23 24 25 26 27 28
29 30 31

JUNE
S M T W T F S
          1 2 3 4
5 6 7 8 9 10 11
12 13 14 15 16 17 18
19 20 21 22 23 24 25
26 27 28 29 30

THURSDAY	FRIDAY	SATURDAY	NOTES
5	6	7	
12	13	14	
19	20	21	
26	27	28	
☐	☐	☐	
☐	☐	☐	
☐	☐	☐	
☐	☐	☐	
☐	☐	☐	

JUNE 2022

SUNDAY	MONDAY	TUESDAY	WEDNESDAY
			1
5	6	7	8
12	13	14	15
19	20	21	22
26	27	28	29

MAY
S M T W T F S
1 2 3 4 5 6 7
8 9 10 11 12 13 14
15 16 17 18 19 20 21
22 23 24 25 26 27 28
29 30 31

JUNE
S M T W T F S
         1 2 3 4
5 6 7 8 9 10 11
12 13 14 15 16 17 18
19 20 21 22 23 24 25
26 27 28 29 30

JULY
S M T W T F S
                1 2
3 4 5 6 7 8 9
10 11 12 13 14 15 16
17 18 19 20 21 22 23
24 25 26 27 28 29 30
31

THURSDAY	FRIDAY	SATURDAY	NOTES
2	3	4	
9	10	11	
16	17	18	
23	24	25	
30			
☐	☐	☐	
☐	☐	☐	
☐	☐	☐	
☐	☐	☐	
☐	☐	☐	

JULY 2022

SUNDAY	MONDAY	TUESDAY	WEDNESDAY
3	4 *Independence Day*	5	6
10	11	12	13
17	18	19	20
24	25	26	27
31	JUNE S M T W T F S 　 1 2 3 4 5 6 7 8 9 10 11 12 13 14 15 16 17 18 19 20 21 22 23 24 25 26 27 28 29 30	JULY S M T W T F S 　 1 2 3 4 5 6 7 8 9 10 11 12 13 14 15 16 17 18 19 20 21 22 23 24 25 26 27 28 29 30 31	AUGUST S M T W T F S 1 2 3 4 5 6 7 8 9 10 11 12 13 14 15 16 17 18 19 20 21 22 23 24 25 26 27 28 29 30 31

THURSDAY	FRIDAY	SATURDAY	NOTES
	1	2	
	8	9	
14	15	16	
21	22	23	
28	29	30	
☐	☐	☐	
☐	☐	☐	
☐	☐	☐	
☐	☐	☐	
☐	☐	☐	

AUGUST 2022

SUNDAY	MONDAY	TUESDAY	WEDNESDAY
	1	2	3
7	8	9	10
14	15	16	17
21	22	23	24
28	29	30	31

JULY
S	M	T	W	T	F	S
					1	2
3	4	5	6	7	8	9
10	11	12	13	14	15	16
17	18	19	20	21	22	23
24	25	26	27	28	29	30
31						

AUGUST
S	M	T	W	T	F	S
	1	2	3	4	5	6
7	8	9	10	11	12	13
14	15	16	17	18	19	20
21	22	23	24	25	26	27
28	29	30	31			

SEPTEMBER
S	M	T	W	T	F	S
				1	2	3
4	5	6	7	8	9	10
11	12	13	14	15	16	17
18	19	20	21	22	23	24
25	26	27	28	29	30	

THURSDAY	FRIDAY	SATURDAY	NOTES
4	5	6	
11	12	13	
18	19	20	
25	26	27	
☐	☐	☐	
☐	☐	☐	
☐	☐	☐	
☐	☐	☐	
☐	☐	☐	

SEPTEMBER 2022

SUNDAY	MONDAY	TUESDAY	WEDNESDAY
4	5 *Labor Day*	6	7
11	12	13	14
18	19	20	21
25	26	27	28

THURSDAY	FRIDAY	SATURDAY	NOTES
1	2	3	
8	9	10	
15	16	17	
22	23	24	
29	30		
☐	☐	☐	
☐	☐	☐	
☐	☐	☐	
☐	☐	☐	
☐	☐	☐	

OCTOBER 2022

SUNDAY	MONDAY	TUESDAY	WEDNESDAY
2	3	4	5
9	10 Columbus Day	11	12
16	17	18	19
23	24	25	26
30	31		

SEPTEMBER
S	M	T	W	T	F	S
				1	2	3
4	5	6	7	8	9	10
11	12	13	14	15	16	17
18	19	20	21	22	23	24
25	26	27	28	29	30	

OCTOBER
S	M	T	W	T	F	S
						1
2	3	4	5	6	7	8
9	10	11	12	13	14	15
16	17	18	19	20	21	22
23	24	25	26	27	28	29
30	31					

THURSDAY	FRIDAY	SATURDAY	NOTES
		1	
6	7	8	
13	14	15	
20	21	22	
27	28	29	
☐	☐	☐	
☐	☐	☐	
☐	☐	☐	
☐	☐	☐	
☐	☐	☐	

NOVEMBER 2022

SUNDAY	MONDAY	TUESDAY	WEDNESDAY
		1	2
6	7	8	9
13	14	15	16
20	21	22	23
27	28	29	30

OCTOBER
S	M	T	W	T	F	S
						1
2	3	4	5	6	7	8
9	10	11	12	13	14	15
16	17	18	19	20	21	22
23	24	25	26	27	28	29
30	31					

NOVEMBER
S	M	T	W	T	F	S
		1	2	3	4	5
6	7	8	9	10	11	12
13	14	15	16	17	18	19
20	21	22	23	24	25	26
27	28	29	30			

DECEMBER
S	M	T	W	T	F	S
				1	2	3
4	5	6	7	8	9	10
11	12	13	14	15	16	17
18	19	20	21	22	23	24
25	26	27	28	29	30	31

THURSDAY	FRIDAY	SATURDAY	NOTES
3	4	5	
10	11 Veterans Day	12	
17	18	19	
24 Thanksgiving Day	25	26	

DECEMBER 2022

SUNDAY	MONDAY	TUESDAY	WEDNESDAY
4	5	6	7
11	12	13	14
18	19	20	21
25 Christmas Day	26	27	28

NOVEMBER
S	M	T	W	T	F	S
		1	2	3	4	5
6	7	8	9	10	11	12
13	14	15	16	17	18	19
20	21	22	23	24	25	26
27	28	29	30			

DECEMBER
S	M	T	W	T	F	S
				1	2	3
4	5	6	7	8	9	10
11	12	13	14	15	16	17
18	19	20	21	22	23	24
25	26	27	28	29	30	31

JANUARY 2023
S	M	T	W	T	F	S
1	2	3	4	5	6	7
8	9	10	11	12	13	14
15	16	17	18	19	20	21
22	23	24	25	26	27	28
29	30	31				

THURSDAY	FRIDAY	SATURDAY	NOTES
1	2	3	
8	9	10	
15	16	17	
22	23	24	
29	30	31	
☐	☐	☐	
☐	☐	☐	
☐	☐	☐	
☐	☐	☐	
☐	☐	☐	

2023

2023

January	February	March	April	May	June
1 S	1 W	1 W	1 S	1 M	1 T
2 M	2 T	2 T	2 S	2 T	2 F
3 T	3 F	3 F	3 M	3 W	3 S
4 W	4 S	4 S	4 T	4 T	4 S
5 T	5 S	5 S	5 W	5 F	5 M
6 F	6 M	6 M	6 T	6 S	6 T
7 S	7 T	7 T	7 F	7 S	7 W
8 S	8 W	8 W	8 S	8 M	8 T
9 M	9 T	9 T	9 S	9 T	9 F
10 T	10 F	10 F	10 M	10 W	10 S
11 W	11 S	11 S	11 T	11 T	11 S
12 T	12 S	12 S	12 W	12 F	12 M
13 F	13 M	13 M	13 T	13 S	13 T
14 S	14 T	14 T	14 F	14 S	14 W
15 S	15 W	15 W	15 S	15 M	15 T
16 M	16 T	16 T	16 S	16 T	16 F
17 T	17 F	17 F	17 M	17 W	17 S
18 W	18 S	18 S	18 T	18 T	18 S
19 T	19 S	19 S	19 W	19 F	19 M
20 F	20 M	20 M	20 T	20 S	20 T
21 S	21 T	21 T	21 F	21 S	21 W
22 S	22 W	22 W	22 S	22 M	22 T
23 M	23 T	23 T	23 S	23 T	23 F
24 T	24 F	24 F	24 M	24 W	24 S
25 W	25 S	25 S	25 T	25 T	25 S
26 T	26 S	26 S	26 W	26 F	26 M
27 F	27 M	27 M	27 T	27 S	27 T
28 S	28 T	28 T	28 F	28 S	28 W
29 S		29 W	29 S	29 M	29 T
30 M		30 T	30 S	30 T	30 F
31 T		31 F		31 W	

2023

July	August	September	October	November	December
1 S	1 T	1 F	1 S	1 W	1 F
2 S	2 W	2 S	2 M	2 T	2 S
3 M	3 T	3 S	3 T	3 F	3 S
4 T	4 F	4 M	4 W	4 S	4 M
5 W	5 S	5 T	5 T	5 S	5 T
6 T	6 S	6 W	6 F	6 M	6 W
7 F	7 M	7 T	7 S	7 T	7 T
8 S	8 T	8 F	8 S	8 W	8 F
9 S	9 W	9 S	9 M	9 T	9 S
10 M	10 T	10 S	10 T	10 F	10 S
11 T	11 F	11 M	11 W	11 S	11 M
12 W	12 S	12 T	12 T	12 S	12 T
13 T	13 S	13 W	13 F	13 M	13 W
14 F	14 M	14 T	14 S	14 T	14 T
15 S	15 T	15 F	15 S	15 W	15 F
16 S	16 W	16 S	16 M	16 T	16 S
17 M	17 T	17 S	17 T	17 F	17 S
18 T	18 F	18 M	18 W	18 S	18 M
19 W	19 S	19 T	19 T	19 S	19 T
20 T	20 S	20 W	20 F	20 M	20 W
21 F	21 M	21 T	21 S	21 T	21 T
22 S	22 T	22 F	22 S	22 W	22 F
23 S	23 W	23 S	23 M	23 T	23 S
24 M	24 T	24 S	24 T	24 F	24 S
25 T	25 F	25 M	25 W	25 S	25 M
26 W	26 S	26 T	26 T	26 S	26 T
27 T	27 S	27 W	27 F	27 M	27 W
28 F	28 M	28 T	28 S	28 T	28 T
29 S	29 T	29 F	29 S	29 W	29 F
30 S	30 W	30 S	30 M	30 T	30 S
31 M	31 T		31 T		31 S

JANUARY 2023

SUNDAY	MONDAY	TUESDAY	WEDNESDAY
1 New Year's Day	2	3	4
8	9	10	11
15	16 Martin Luther King Jr. Day	17	18
22	23	24	25
29	30	31	

DECEMBER 2022

S	M	T	W	T	F	S
				1	2	3
4	5	6	7	8	9	10
11	12	13	14	15	16	17
18	19	20	21	22	23	24
25	26	27	28	29	30	31

JANUARY

S	M	T	W	T	F	S
1	2	3	4	5	6	7
8	9	10	11	12	13	14
15	16	17	18	19	20	21
22	23	24	25	26	27	28
29	30	31				

FEBRUARY

S	M	T	W	T	F	S
			1	2	3	4
5	6	7	8	9	10	11
12	13	14	15	16	17	18
19	20	21	22	23	24	25
26	27	28				

THURSDAY	FRIDAY	SATURDAY	NOTES
5	6	7	
12	13	14	
19	20	21	
26	27	28	
☐	☐	☐	
☐	☐	☐	
☐	☐	☐	
☐	☐	☐	
☐	☐	☐	

FEBRUARY 2023

SUNDAY	MONDAY	TUESDAY	WEDNESDAY
			1
5	6	7	8
12	13	14	15
19	20 *Presidents' Day*	21	22
26	27	28	

JANUARY
S	M	T	W	T	F	S
1	2	3	4	5	6	7
8	9	10	11	12	13	14
15	16	17	18	19	20	21
22	23	24	25	26	27	28
29	30	31				

FEBRUARY
S	M	T	W	T	F	S
			1	2	3	4
5	6	7	8	9	10	11
12	13	14	15	16	17	18
19	20	21	22	23	24	25
26	27	28				

MARCH
S	M	T	W	T	F	S
			1	2	3	4
5	6	7	8	9	10	11
12	13	14	15	16	17	18
19	20	21	22	23	24	25
26	27	28	29	30	31	

THURSDAY	FRIDAY	SATURDAY	NOTES
2	3	4	
9	10	11	
16	17	18	
23	24	25	
☐	☐	☐	
☐	☐	☐	
☐	☐	☐	
☐	☐	☐	
☐	☐	☐	

MARCH 2023

SUNDAY	MONDAY	TUESDAY	WEDNESDAY
			1
5	6	7	8
12	13	14	15
19	20	21	22
26	27	28	29

FEBRUARY
S	M	T	W	T	F	S
			1	2	3	4
5	6	7	8	9	10	11
12	13	14	15	16	17	18
19	20	21	22	23	24	25
26	27	28				

MARCH
S	M	T	W	T	F	S
			1	2	3	4
5	6	7	8	9	10	11
12	13	14	15	16	17	18
19	20	21	22	23	24	25
26	27	28	29	30	31	

APRIL
S	M	T	W	T	F	S
						1
2	3	4	5	6	7	8
9	10	11	12	13	14	15
16	17	18	19	20	21	22
23	24	25	26	27	28	29
30						

THURSDAY	FRIDAY	SATURDAY	NOTES
2	3	4	
9	10	11	
16	17	18	
23	24	25	
30	31		
☐	☐	☐	
☐	☐	☐	
☐	☐	☐	
☐	☐	☐	
☐	☐	☐	

APRIL 2023

SUNDAY	MONDAY	TUESDAY	WEDNESDAY
2	3	4	5
9	10	11	12
16	17	18	19
23	24	25	26
30			

MARCH
S	M	T	W	T	F	S
			1	2	3	4
5	6	7	8	9	10	11
12	13	14	15	16	17	18
19	20	21	22	23	24	25
26	27	28	29	30	31	

APRIL
S	M	T	W	T	F	S
						1
2	3	4	5	6	7	8
9	10	11	12	13	14	15
16	17	18	19	20	21	22
23	24	25	26	27	28	29
30						

MAY
S	M	T	W	T	F	S
	1	2	3	4	5	6
7	8	9	10	11	12	13
14	15	16	17	18	19	20
21	22	23	24	25	26	27
28	29	30	31			

THURSDAY	FRIDAY	SATURDAY	NOTES
		1	
6	7	8	
13	14	15	
20	21	22	
27	28	29	
☐	☐	☐	
☐	☐	☐	
☐	☐	☐	
☐	☐	☐	
☐	☐	☐	

MAY 2023

SUNDAY	MONDAY	TUESDAY	WEDNESDAY
	1	2	3
7	8	9	10
14	15	16	17
21	22	23	24
28	29 Memorial Day	30	31

APRIL
S	M	T	W	T	F	S
						1
2	3	4	5	6	7	8
9	10	11	12	13	14	15
16	17	18	19	20	21	22
23	24	25	26	27	28	29
30						

MAY
S	M	T	W	T	F	S
	1	2	3	4	5	6
7	8	9	10	11	12	13
14	15	16	17	18	19	20
21	22	23	24	25	26	27
28	29	30	31			

JUNE
S	M	T	W	T	F	S
				1	2	3
4	5	6	7	8	9	10
11	12	13	14	15	16	17
18	19	20	21	22	23	24
25	26	27	28	29	30	

THURSDAY	FRIDAY	SATURDAY	NOTES
4	5	6	
11	12	13	
18	19	20	
25	26	27	
☐	☐	☐	
☐	☐	☐	
☐	☐	☐	
☐	☐	☐	
☐	☐	☐	

JUNE 2023

SUNDAY	MONDAY	TUESDAY	WEDNESDAY
4	5	6	7
11	12	13	14
18	19	20	21
25	26	27	28

MAY
S	M	T	W	T	F	S
	1	2	3	4	5	6
7	8	9	10	11	12	13
14	15	16	17	18	19	20
21	22	23	24	25	26	27
28	29	30	31			

JUNE
S	M	T	W	T	F	S
				1	2	3
4	5	6	7	8	9	10
11	12	13	14	15	16	17
18	19	20	21	22	23	24
25	26	27	28	29	30	

JULY
S	M	T	W	T	F	S
						1
2	3	4	5	6	7	8
9	10	11	12	13	14	15
16	17	18	19	20	21	22
23	24	25	26	27	28	29
30	31					

THURSDAY	FRIDAY	SATURDAY	NOTES
1	2	3	
8	9	10	
15	16	17	
22	23	24	
29	30		
☐	☐	☐	
☐	☐	☐	
☐	☐	☐	
☐	☐	☐	
☐	☐	☐	

JULY 2023

SUNDAY	MONDAY	TUESDAY	WEDNESDAY
2	3	4 Independence Day	5
9	10	11	12
16	17	18	19
23	24	25	26
30	31		

JUNE
S	M	T	W	T	F	S
				1	2	3
4	5	6	7	8	9	10
11	12	13	14	15	16	17
18	19	20	21	22	23	24
25	26	27	28	29	30	

JULY
S	M	T	W	T	F	S
						1
2	3	4	5	6	7	8
9	10	11	12	13	14	15
16	17	18	19	20	21	22
23	24	25	26	27	28	29
30	31					

THURSDAY	FRIDAY	SATURDAY	NOTES
		1	
6	7	8	
13	14	15	
20	21	22	
27	28	29	
☐	☐	☐	
☐	☐	☐	
☐	☐	☐	
☐	☐	☐	
☐	☐	☐	

AUGUST 2023

SUNDAY	MONDAY	TUESDAY	WEDNESDAY
		1	2
6	7	8	9
13	14	15	16
20	21	22	23
27	28	29	30

JULY
S	M	T	W	T	F	S
						1
2	3	4	5	6	7	8
9	10	11	12	13	14	15
16	17	18	19	20	21	22
23	24	25	26	27	28	29
30	31					

AUGUST
S	M	T	W	T	F	S
		1	2	3	4	5
6	7	8	9	10	11	12
13	14	15	16	17	18	19
20	21	22	23	24	25	26
27	28	29	30	31		

SEPTEMBER
S	M	T	W	T	F	S
					1	2
3	4	5	6	7	8	9
10	11	12	13	14	15	16
17	18	19	20	21	22	23
24	25	26	27	28	29	30

THURSDAY	FRIDAY	SATURDAY	NOTES
3	4	5	
10	11	12	
17	18	19	
24	25	26	
31			
☐	☐	☐	
☐	☐	☐	
☐	☐	☐	
☐	☐	☐	
☐	☐	☐	

SEPTEMBER 2023

SUNDAY	MONDAY	TUESDAY	WEDNESDAY
3	4 Labor Day	5	6
10	11	12	13
17	18	19	20
24	25	26	27

AUGUST
S M T W T F S
    1 2 3 4 5
6 7 8 9 10 11 12
13 14 15 16 17 18 19
20 21 22 23 24 25 26
27 28 29 30 31

SEPTEMBER
S M T W T F S
          1 2
3 4 5 6 7 8 9
10 11 12 13 14 15 16
17 18 19 20 21 22 23
24 25 26 27 28 29 30

OCTOBER
S M T W T F S
1 2 3 4 5 6 7
8 9 10 11 12 13 14
15 16 17 18 19 20 21
22 23 24 25 26 27 28
29 30 31

THURSDAY	FRIDAY	SATURDAY	NOTES
	1	2	
7	8	9	
14	15	16	
21	22	23	
28	29	30	
☐	☐	☐	
☐	☐	☐	
☐	☐	☐	
☐	☐	☐	
☐	☐	☐	

OCTOBER 2023

SUNDAY	MONDAY	TUESDAY	WEDNESDAY
1	2	3	4
8	9 *Columbus Day*	10	11
15	16	17	18
22	23	24	25
29	30	31	

SEPTEMBER
S M T W T F S
            1 2
 3 4 5 6 7 8 9
10 11 12 13 14 15 16
17 18 19 20 21 22 23
24 25 26 27 28 29 30

OCTOBER
S M T W T F S
 1 2 3 4 5 6 7
 8 9 10 11 12 13 14
15 16 17 18 19 20 21
22 23 24 25 26 27 28
29 30 31

NOVEMBER
S M T W T F S
          1 2 3 4
 5 6 7 8 9 10 11
12 13 14 15 16 17 18
19 20 21 22 23 24 25
26 27 28 29 30

THURSDAY	FRIDAY	SATURDAY	NOTES
5	6	7	
12	13	14	
19	20	21	
26	27	28	

NOVEMBER 2023

SUNDAY	MONDAY	TUESDAY	WEDNESDAY
			1
5	6	7	8
12	13	14	15
19	20	21	22
26	27	28	29

OCTOBER
S	M	T	W	T	F	S
1	2	3	4	5	6	7
8	9	10	11	12	13	14
15	16	17	18	19	20	21
22	23	24	25	26	27	28
29	30	31				

NOVEMBER
S	M	T	W	T	F	S
			1	2	3	4
5	6	7	8	9	10	11
12	13	14	15	16	17	18
19	20	21	22	23	24	25
26	27	28	29	30		

DECEMBER
S	M	T	W	T	F	S
					1	2
3	4	5	6	7	8	9
10	11	12	13	14	15	16
17	18	19	20	21	22	23
24	25	26	27	28	29	30
31						

THURSDAY	FRIDAY	SATURDAY	NOTES
2	3	4	
9	10	11 Veterans Day	
16	17	18	
23 Thanksgiving Day	24	25	
30			
☐	☐	☐	
☐	☐	☐	
☐	☐	☐	
☐	☐	☐	
☐	☐	☐	

DECEMBER 2023

SUNDAY	MONDAY	TUESDAY	WEDNESDAY
3	4	5	6
10	11	12	13
17	18	19	20
24	25 *Christmas Day*	26	27
31			

NOVEMBER
S	M	T	W	T	F	S
			1	2	3	4
5	6	7	8	9	10	11
12	13	14	15	16	17	18
19	20	21	22	23	24	25
26	27	28	29	30		

DECEMBER
S	M	T	W	T	F	S
					1	2
3	4	5	6	7	8	9
10	11	12	13	14	15	16
17	18	19	20	21	22	23
24	25	26	27	28	29	30
31						

JANUARY 2024
S	M	T	W	T	F	S
	1	2	3	4	5	6
7	8	9	10	11	12	13
14	15	16	17	18	19	20
21	22	23	24	25	26	27
28	29	30	31			

THURSDAY	FRIDAY	SATURDAY	NOTES
	1	2	
7	8	9	
14	15	16	
21	22	23	
28	29	30	
☐	☐	☐	
☐	☐	☐	
☐	☐	☐	
☐	☐	☐	
☐	☐	☐	

Name & Address	Phone & Fax	Name & Address	Phone & Fax

Birthday Log

JANUARY	FEBRUARY	MARCH	APRIL

MAY	JUNE	JULY	AUGUST

SEPTEMBER	OCTOBER	NOVEMBER	DECEMBER

Expense Tracker

	January	February	March	April	May	June
Fixed Expenses						
Mortgage/Rent						
Utilities						
Total						

	January	February	March	April	May	June
Other Expenses						
Total						
Total Expenses						

	January	February	March	April	May	June
Income						
Total Income						

	January	February	March	April	May	June
Savings						
Total Savings						

Expense Tracker

July	August	September	October	November	December	YTD Total

July	August	September	October	November	December	YTD Total

Expense Tracker

	January	February	March	April	May	June
Fixed Expenses						
Mortgage/Rent						
Utilities						
Total						

	January	February	March	April	May	June
Other Expenses						
Total						
Total Expenses						

	January	February	March	April	May	June
Income						
Total Income						

	January	February	March	April	May	June
Savings						
Total Savings						

Expense Tracker

July	August	September	October	November	December	YTD Total

July	August	September	October	November	December	YTD Total

www.ingramcontent.com/pod-product-compliance
Lightning Source LLC
Chambersburg PA
CBHW060502240426
43661CB00006B/886